SCM

Stiftung Christliche Medien

Der SCM-Verlag ist eine Gesellschaft der Stiftung Christliche Medien, einer gemeinnützigen Stiftung, die sich für die Förderung und Verbreitung christlicher Bücher, Zeitschriften, Filme und Musik einsetzt.

Soweit nicht anders angegeben, sind die Bibelverse folgender Ausgabe entnommen:
Neues Leben. Die Bibel, © der deutschen Ausgabe 2002 und 2006
SCM R.Brockhaus im SCM-Verlag GmbH & Co. KG, Witten.

Weiter wurden verwendet:
Lutherbibel, revidierter Text 1984, durchgesehene Ausgabe, © 1999 Deutsche Bibelgesellschaft, Stuttgart
Gute Nachricht Bibel, revidierte Fassung, durchgesehene Ausgabe, © 2000 Deutsche Bibelgesellschaft, Stuttgart.

Quellennachweis:
Samuel Harfst, Das Privileg zu sein
© RaketenPublishing, Hüttenberg

Bildnachweis:
Titelbild: Justin Posey; S.8: steffne - Photocase; S.10: shutterstock; S.12: iStock; S.15-16: Justin Posey; S.18: suze - Photocase; S.20: bambiraptor - Photocase; S.23: Justin Posey; S.24: luxuz::. - Photocase; S.26-28: Thomas Haase; S.31: ROUVEN KNUPP - Photocase; S.32: like.eis.in.the.sunshine - Photocase; S.34: Hennimac - Photocase; S.36: shutterstock; S.39: loreanto - Fotolia; S.40: nikolaemedia - Photocase; S.42: Thomas Haase; S.44: ummaguma - Photocase; S.47: RaumR ot; S.48: lassedesignen - Fotolia; S.50: Michael Götz - Photocase; S.53: guycalledjones - Photocase; S.54: olly - Fotolia; S.56: doubleju - Photocase

Gesamtgestaltung: Johannes Schermuly, Wuppertal
Druck und Bindung: Druckerei Theiss GmbH – www.theiss.at
Gedruckt in Österreich

ISBN 978-3-7893-9760-8
Bestell-Nr. 629.760

DANIEL PLESSING

DEIN ABENTEUER BEGINNT

Das Buch zur Konfirmation für Jungs

SCM
Collection

INHALT

2.

WOHIN GEHEN?

3.

AUF DEM ABENTEUERTRAIL

6.

MIT GÖTTLICHER KRAFT

7.

DAS ZIEL VOR AUGEN

LEBE SO, DASS DU AM ENDE
AUF EIN GUTES UND ERFÜLLTES LEBEN
ZURÜCKBLICKEN KANNST.
95-Jährige sagen:
Mit dem Wissen von heute
hätte ich früher mehr riskiert.

WELCHES LEBEN WILLST DU LEBEN?

Eines Tages wirst du alt sein. So alt, dass du dich nur noch mit dem Rollator zum Bäcker schieben kannst. Abends, nachdem du dein Gebiss gereinigt hast, sitzt du dann mit deiner grauhaarigen Frau auf dem Bänkchen vor dem Haus und denkst über dein Leben nach. Wie wird das sein? Wirst du dann zufrieden denken können: „Ich war vielleicht nicht reich, aber ich hatte ein reiches Leben. Ich hab nicht immer getan, was alle getan haben, aber ich hab das Richtige getan. Ich habe gegen das Böse gekämpft und mit meinen Freunden Abenteuer bestanden. Wir haben gelacht und geweint. Ich hatte ein gutes und erfülltes Leben."

Jesus Christus fordert dich dazu auf, dich ihm und seiner Bewegung anzuschließen. Er will mit dir für eine bessere Welt kämpfen.

Er verspricht dir dabei nicht, dass du einmal reich oder berühmt sein wirst. Den fetten Audi oder den feinen Anzug wirst du in seinem Gefolge vielleicht nicht bekommen. Jesus verspricht dir stattdessen ein Leben ‚in Fülle'. Wir würden heute sagen: ein erfülltes Leben.

Wenn du dich entscheidest, mit der Konfirmation wirklich ernst zu machen und dich Jesus anzuschließen, dann wirst du eines Tages alt auf deiner Bank sitzen und zahnlos lächelnd denken: „Ja, ich hatte kein leichtes aber ein gutes und erfülltes Leben."

AUFBRUCH INS ABENTEUER

SPÜRST DU DIESE SEHNSUCHT
NACH DEM ECHTEN UND WILDEN LEBEN IN DIR?

FOLGE IHR, SIE FÜHRT DICH DIREKT INS
ABENTEUER DEINES LEBENS.

SEHNSUCHT NACH DEM WILDEN LEBEN

Vielleicht hast du zu deiner Konfirmation alles bekommen, was du dir gewünscht hast. Das ersehnte Smartphone, das neue Fahrrad oder genug Geld für ein paar Anschaffungen, die dir den Neid deiner Freunde garantieren.

Kennst du auch dieses komische Gefühl nach so einem Fest: Es ist alles da und doch scheint etwas zu fehlen? Du bist hungrig, obwohl du satt bist? Du fühlst dich unerfüllt, obwohl sich gerade dein größter Wunsch erfüllt hat? Du bist trotz dieser ganzen schönen Sachen nicht glücklich? Kennst du dieses unangenehme Gefühl der Leere, das sich in der Brust ausbreitet? Irgendwie scheinst du nicht da zu sein, wo du hingehörst und nicht das Leben zu führen, für das du bestimmt bist.

Wenn du dich so fühlst, dann freu dich: Du trägst die Sehnsucht nach dem echten Leben in dir!

Wir Menschen sind dazu geschaffen, mit Gott durchs Leben zu gehen. Das ist unsere Bestimmung. Nur in ihr finden wir unser Glück. Kein Handy und kein Geldbetrag dieser Welt kann uns das geben, was wir im Leben mit Gott finden. Nur Gott kann die Leere in uns ausfüllen. Vielleicht kennst du noch aus dem Religionsunterricht den alten Abraham. Er war ein wichtiger Mann in seiner Heimatstadt Haran. Doch tief drinnen wusste er, dass er dort nicht hingehörte. Als Gott ihn dann aufforderte, seine Heimat zu verlassen, folgte er seiner Sehnsucht, packte seine Siebensachen und sein Abenteuer begann.

IM WELTRETTUNGSTEAM

Gott liebt die Menschen über alle Maßen. Alle, sogar deine Lehrer. Leider sind die Menschen nicht so, wie sie sein könnten. Sie hassen sich, kämpfen gegeneinander und verletzen sich. Schüler werden gemobbt und Lehrer fertiggemacht. Die Welt ist voller Schmerz. Gott weint, wenn er das sieht. Er will eine andere Welt für uns Menschen.

Deshalb hat Gott beschlossen, seine Welt zu retten. Und deshalb hat er Jesus auf die Erde geschickt, der das alles erst möglich gemacht hat. Als Gott sich überlegte, wen er noch in seinem „Weltrettungsteam“ dabei haben will, hat er auch an dich gedacht.

Du sollst Gottes Liebe und Frieden ins Chaos da draußen tragen. Du sollst dir ein Beispiel an Jesus nehmen und den Menschen da draußen neue Hoffnung bringen.

Fragst du dich manchmal,
wofür du eigentlich lebst?

Überlegst du dir ab und zu,
ob dein Leben einen Sinn hat?

Gott hat einen sinn-vollen Vorschlag für dich:

Komm ins WELTRETTUNGSTEAM von Jesus Christus

und lass dein Abenteuer beginnen.

VORSCHLÄGE WIE DU SOFORT MIT
DEINEM ABENTEUER BEGINNEN KÖNNTEST:

Sprich laut das Gebet:
JESUS! ICH BIN BEREIT, DAS ZU TUN, WAS DU WILLST.

Geh zu deiner Mutter
und mache ihr
ein Kompliment
über ihr Aussehen.

Ruf im Altersheim an.
Mach einen Termin
und besuche einen
einsamen Menschen.

Teile deinen Freunden über WhatsApp mit,
dass du dich gerne mit ihnen zum Bibellesen
treffen würdest.

Schreibe deinem Mathelehrer
einen freundlichen Brief
und bedanke dich für
seine Bemühungen.

Nimm alles Geld aus deinem Geldbeutel.
Lege es in einen Briefumschlag.
Schreib drauf: GOTT LIEBT DICH!
und wirf den Umschlag heimlich
in den Briefkasten, zu dem dein Herz dich führt.

JETZT LOSLEGEN

Da ist ein Mann, der zu Jesus kommt und sagt: „Du, ich will mit dir aufbrechen, aber zuerst muss ich mich noch um die Beerdigung von meinem Papa kümmern."
Da ist ein junger Mann, vielleicht ein Konfirmand, der zu Jesus sagt: „Du, ich will mit dir aufbrechen, aber zuerst muss ich noch die Schule beenden."

Jesus sagt zu diesen Männern: „Wer eine Hand an den Pflug legt und dann zurückschaut, ist nicht geeignet für das Reich Gottes" (Lukas 9,62).
Zögere nicht. Schau nicht zurück. Jesus sucht Männer, die entschieden Abschied nehmen, aufbrechen und losgehen. Warte nicht länger! Das Abenteuer deines Lebens beginnt jetzt!

WOHIN GEHEN?

Immer Jesus hinterher.
Das ist der direkte Weg ins
Abenteuergebiet.

IMMER JESUS HINTERHER

Im rauen Hochgebirge kann dir nur der Bergführer die richtig coolen und spektakulären Aussichtspunkte zeigen. Nur er weiß, wo die geheimnisvollen Orte sind, die du selbst niemals finden würdest. Und nur der Bergführer kennt die Gefahren wie Gletscherspalten, Felsstürze und gefährliche Wegabschnitte. Dank seiner Erfahrung kann er genau abschätzen, welche Route du schaffen wirst.

Jesus ist dein Bergführer oder nehmen wir das coolere Wort: dein Guide. Mit der Konfirmation hast du dich in sein Team begeben. Christsein bedeutet vereinfacht gesagt: Jesus konsequent nachlaufen. Egal wohin er dich führt. Leider scheuen viele Christen das Gebirge. Das ist ihnen zu anstrengend. Sie singen lieber im Flachland Choräle und verpassen damit das Abenteuer ihres Lebens.

Jesus selbst sagt zu seinen Freunden: „Folgt meinem Vorbild, macht es wie ich. Geht auf meinem Weg." Er meint damit, dass Christen ihn buchstäblich nachmachen sollen: Leben wie er gelebt hat, lieben wie er geliebt hat, und hassen, was er gehasst hat. Das ist alles andere als uncool.

Jesus ist dein Guide. Er geht voraus. Bleib dran. Verliere seinen Rücken nicht aus dem Blick. Geh Schritt für Schritt in seinen Fußstapfen. Er führt dich zu geheimnisvollen Orten, er zeigt dir spektakuläre Aussichtspunkte und bewahrt dich vor dem tödlichen Absturz.

FOLGE DER WAHRHEIT IN DEINEM HERZEN

Der Weg ins Abenteuer deines Lebens ist ein vergleichsweise einsamer Weg. Die großen Menschenmassen lieben das bequeme Flachland. Das raue Gebirge verabscheuen sie. Es ist ihnen dort zu einsam, zu gefährlich und zu unbequem. Interessanterweise sagt Jesus selbst, dass der Pfad zum Leben schmal ist und nur wenige ihn finden. Die Gruppe der Jesushinterhergeher ist immer klein. Das ist normal. Trotzdem kann das sehr irritierend sein.

Dazu kommt, dass viele Flachländer deine Sehnsucht nach Gott nicht verstehen können. Sie werden dir das sagen. Manche werden finden, dass du ein Fanatiker bist, ein Glaubensspinner. Andere werden sagen, dass Jesus eine Einbildung, eine Fantasie oder eine Wunschvorstellung ist. Sie werden dich vielleicht sogar fragen, ob du unter Drogen stehst oder ein Sektenheini geworden bist.

Lass dich nicht vom Jesusweg abbringen. Lass dir nicht einreden, dass du daneben liegst.

Höre in dein Herz. Ganz tief drinnen kennst du die Wahrheit. Du trägst diese Wahrheit wie einen Kompass in dir. Die Nadel auf diesem Kompass zeigt immer auf J wie Jesus. Folge dieser Wahrheit in deinem Herzen.

HÖRE NICHT DARAUF, WAS DIE LEUTE ÜBER DICH
UND DEINEN GLAUBEN SAGEN.
LASS DICH NICHT VOM JESUS-WEG ABBRINGEN.
FOLGE DER WAHRHEIT IN DEINEM HERZEN!
TRUTH

WER
DIE BIBEL
LIEST,
DER HAT
DEN PLAN.

ABENTEUERHANDBUCH BIBEL

Vielleicht ist dir das ganze gefühlsbetonte Gerede von der Wahrheit in deinem Herzen und der Sehnsucht nach Gott viel zu schwabbelig. Du kannst damit wenig anfangen. Keine Sorge, es gibt auch handfestere Möglichkeiten, sich zu orientieren.

Die Bibel ist das Handbuch für Abenteurer schlechthin. Wie eine genaue Landkarte bietet die Bibel in jeder Situation Orientierungshilfe. Außerdem steht in ihr alles, was du über Jesus und den Weg ins Abenteuer wissen musst. Schwarz auf weiß kannst du dort nachlesen, was es heißt, Jesus hinterherzugehen. Eine krasse Zusammenfassung von dem, was Jesus gelehrt hat, findet sich in der sogenannten Bergpredigt in Matthäus Kapitel 5. Das solltest du unbedingt lesen. Dein Leben könnte sich dadurch heftig verändern. Falls du nicht weißt, wo man das findet: Auch Bibeln haben ein Inhaltsverzeichnis.

AUF DEM ABENTEUERTRAIL

Der HERR ist mein Hirte,
mir wird nichts mangeln.

Er weidet mich auf einer grünen Aue
und führet mich zum frischen Wasser.
Er erquicket meine Seele.
Er führet mich auf rechter Straße um seines Namens willen.

Und ob ich schon wanderte im finstern Tal, fürchte ich kein Unglück;
denn du bist bei mir,
dein Stecken und Stab trösten mich.

PSALM 23,1-4

GRÜNE WIESEN UND FINSTERE TÄLER

Wie es ist, mit Gott unterwegs zu sein, beschreibt König David in einem seiner besten Songs. Er vergleicht das mit einem fähigen Hirten, der seine Schafherde durch die Berge führt.
Die Herde kommt an grünen Weiden und frischen Wasserquellen vorbei. Die Schafe gehen ab vor Freude. Wenn sie könnten, würden sie statt „Määäääh" nur noch „Geeeiiil!" rufen.
Die Herde zieht weiter und es folgen andere Wegabschnitte. Der Hirte führt die Schafe über gefährliche Pfade nah am Abgrund, durch finstere Täler und tiefe Schluchten. Statt Gras zum Kauen gibt es nur Steine zum Lutschen am Wegesrand. Die Schafe bekommen Angst. Doch der Hirte ist da und geht in Sichtweite voraus. Das tröstet die Schafe und gibt ihnen neuen Mut. Am Ende kommen alle gut ans Ziel.
Wer mit Gott durchs Leben geht, ist nicht in einem Schlosspark, sondern auf dem Abenteuertrail unterwegs. Es gibt Tage, an denen man nur „Geeeiiil!" rufen möchte, aber auch Tage der Dunkelheit und Angst. Eines gilt zu 200%: Der gute Hirte ist immer da. Gott weiß, was er tut. Er führt dich sicher. Hab keine Angst. Mäh.

GLITSCHIGE STEINE SIND GEFÄHRLICH

Dein Abenteuer mit Jesus ist kein Filmabenteuer. Man spielt es auch nicht auf der Playstation. Es ist echt. Wirklichkeit. Bei jedem echten Abenteuer gibt es auch echte Gefahren. Da draußen sind Dinge, die du in jedem Fall meiden solltest. Ein Rat der Bibel ist: Meide glitschige Steine links und rechts von deinem Weg. Die sind gefährlich. Wer zu lange auf glitschigen Steinen balanciert, wird irgendwann umfallen.

Im echten Leben sind diese glitschigen Steine Dinge wie Drogen, zwielichtige oder illegale Deals oder Pornografie. Natürlich, eine Zeit lang fühlt es sich sehr cool an, auf den Steinen zu balancieren. Aber irgendwann verlierst du dein Gleichgewicht. Du wirst schwer stürzen und kannst nicht wie bei der Playstation das Level einfach neu anfangen.

Entscheide dich von vornherein, diese schmierigen Wege nicht zu gehen. Bleib standhaft, auch wenn andere dich dazu überreden wollen. Du ersparst dir so viel Schmerz.

BEI JEDEM ECHTEN
ABENTEUER
GIBT ES AUCH ECHTE
GEFAHREN.
MEIDE GLITSCHIGE STEINE!
WENN DU BEREITS AUF IHNEN BALANCIERST:
KOMM ZURÜCK AUF DEN Jesusweg

Hab keine Angst
GEH MUTIG UND ENTSCHLOSSEN IN DEIN ABENTEUER.

HAB KEINE ANGST UND LASS DICH DURCH NICHTS ERSCHRECKEN

Vom Tal aus betrachtet sehen manche Kletterwege beängstigend aus. Der Berg wirkt übermächtig, der Gipfel unerreichbar fern. Von unten gesehen ist dein Trail nicht mehr als ein schmaler Strich, der sich an den unmöglichsten Stellen in die Höhe windet. Mal verläuft er durch schattig-dunkle Wälder, dann klebt er wieder an baumlosen Felshängen. Immer wieder sind Abzweigungen zu erkennen, die scheinbar keiner Logik folgen. Beim Anblick ihres Trails bekommen viele Abenteurer ein mulmiges Gefühl.

Zu biblischen Zeiten erreichte der Landeroberer Josua mit tausenden von Menschen das Ufer des Flusses Jordan. Gegenüber lag das Land, das Gott diesen Menschen versprochen hatte. Josua, der Anführer, stellte sich an diesen Fluss und blickte hinüber in das Land seiner Zukunft. Er hatte Angst.

Vielleicht geht es dir ganz ähnlich, wenn du an das Leben denkst, das vor dir liegt. Da sind diese vielen, schwierigen Fragen, auf die du möglicherweise keine Antwort weißt: „Welchen Beruf soll ich mal lernen? Tauge ich für einen Beruf? Oder soll ich lieber studieren? Ja, und überhaupt – wie bin ich denn schon begabt?"

Dann sind da diese Gedanken: „Werde ich eine Partnerin finden? Eine, die mir gefällt? Will ich überhaupt eine? Und wenn ja, wie sollte sie sein?" Und als wäre das ganze Leben nicht bereits kompliziert genug, scheint der Weg mit Gott auch nicht gerade ein Spaziergang zu sein.

Gott sagte zu Josua, der dort eingeschüchtert am Jordan stand: „Sei stark und mutig! Hab keine Angst und verzweifle nicht. Denn ich, der Herr, dein Gott, bin bei dir, wohin du auch gehst" (Josua 1,9).

MIT GEFÄHRTEN UNTERWEGS

Wenn sie hinfallen,
kann einer dem anderen
aufhelfen.

Doch wie schlecht ist der dran,
der allein ist und fällt,
und keiner ist da,
der ihm beim Aufstehen hilft!

Prediger 4,10

EINER FÜR ALLE UND ALLE FÜR EINEN

Wer sich im anspruchsvollen Gelände bewegen will, der braucht Gefährten. Männer und Frauen, die bereit sind, sich buchstäblich aneinanderzubinden. Im Bergsport nennt man so eine Gruppe Seilschaft. Durch ein Seil sind alle miteinander verbunden. Wenn einer fällt und zu rutschen beginnt, stemmen sich die anderen mit aller Kraft dagegen und verhindern so einen Absturz.

Einer für alle und alle für einen.

Viele denken beim Wort „Kirche“ an ein altes Gebäude mit mindestens ebenso alten Menschen darin. Sie denken an Orgelpfeifen und einen Pfarrer, der den ganzen Laden schmeißt. Ziemlich langweilig! Tatsächlich gibt es wohl kaum ein besseres Bild für die Kirche als das einer Seilschaft. Die Kirche ist eine Gruppe von Menschen, die miteinander Jesus hinterhergehen. Dabei tragen und stützen sie sich und feuern sich immer wieder gegenseitig an.

Keiner schafft es alleine bis zum Gipfel. Aber gemeinsam ist kein Abhang zu steil, keine Gletscherspalte zu tief und keine Hürde unüberwindbar.

Du brauchst Gefährten für deinen Weg mit Gott. Du brauchst Menschen, an die du dich hängen kannst. Du brauchst die Kirche. Such dir Menschen, die genau wie du die Sehnsucht nach Gott in sich tragen. Bleib nicht allein. Such dir andere Christen und geh mit ihnen gemeinsam ins Abenteuer.

GEMEINSAM SPASS HABEN

Die Kirche ist nicht gerade dafür bekannt, dass es dort viel zu lachen gibt. Wer lachen will, schaut sich Mario Barth im Fernsehen an. Wer Spaß sucht, fährt in einen Freizeitpark. Für viele Menschen ist der Glaube eine sehr ernste Angelegenheit. Immerhin geht es im Weltrettungsteam ja um Himmel und Hölle, also um Leben und Tod. Witze sind bei diesem wichtigen Business nicht erlaubt. Spaß haben – das geht ja gar nicht. Schade! Denn es hat wohl niemand mehr Grund fröhlich zu sein als die Menschen, die Jesus ins Abenteuer folgen. Wenn du dich mit (oder vor) der Konfirmation dafür entschieden hast, dann gilt für dich: Deine Fehler und Sünden sind und werden dir verziehen! Du bist von Gott geliebt, so wie du bist! Nach deinem Leben erwartet dich im Himmel eine Einladung an Gottes Festtafel. Ein Happy End ist garantiert.

Wenn das mal nicht erfreuliche Aussichten für die Reise sind! Vergiss deshalb nicht, herzhaft über dich selbst zu lachen, mit deinen Gefährten ausgelassen zu feiern, fröhlich zu singen und wild zu tanzen. Abenteuer machen manchmal Spaß! Ab und zu macht sogar Kirche Spaß. Kein Witz.

BEI DER PREDIGT SCHLÄFT MAL WIEDER DIE GANZE GEMEINDE.
DA WIRD ES DEM PASTOR ZU BUNT UND ER DONNERT LOS:
„WAS IST, RED' ICH UMSONST?"
SCHRECKT FRAU MÜLLER AUF:
„WIE BITTE? WO GIBT'S RETTICH UMSONST?"

Mit der Konfirmation hast du vor allen Menschen,
allen Engeln und Mächten bestätigt, dass du zu Jesus gehörst.
NICHTS auf dieser Welt kann dich von ihm und seiner Liebe trennen.

DENN ER BEFIEHLT SEINEN ENGELN,
DICH ZU BESCHÜTZEN, WO IMMER DU GEHST.

Psalm 91,11

HIMMLISCHE BEGLEITER

Da draußen gibt es weitaus mehr als das, was du mit deinen Augen sehen, mit deinen Ohren hören und mit deinen Händen fühlen kannst.
Die Wirklichkeit ist viel größer. Kein Mensch kann die Funkwellen sehen, die sein teures iPhone sendet. Trotzdem sind sie da. Der magnetische Nordpol ist für Menschen nicht spürbar, die Kompassnadel dreht sich trotzdem. Funkwellen und Magnetfelder können Menschen nicht wahrnehmen, sie gehören aber genauso zur Wirklichkeit wie der mittlere Zeh deines linken Fußes.
Zum unsichtbaren Teil der Wirklichkeit da draußen gehören auch die unzähligen Engel, über die in der Bibel berichtet wird. Gott ist im Himmel nicht allein. Tausende Engel sind bei ihm und dienen ihm.
Diese echten Engel haben allerdings mit den an Kirchenwänden festgeschraubten halbnackten Flügelkindern aus Holz nichts zu tun. Echte Engel sind mächtige und manchmal furchterregende Wesen. Sie haben Zugang zur Welt Gottes und zur Welt der Menschen. Allein ihr Anblick haut manche bereits aus den Latschen.
Der Prophet Daniel aus der Bibel war ein Mann, der einiges gewohnt war, immerhin hatte er mal eine Nacht mit einer hungrigen Löwenfamilie verbracht. Ausgerechnet dieser tapfere Mann fällt in Ohnmacht, als ihm ein echter Engel erscheint. So gewaltig ist dieser Anblick für ihn.
Engel sind mächtige und geheimnisvolle Wesen aus dem Himmel. Für die Menschen sind sie normalerweise unsichtbar. Auch für dich. Du kannst sie nicht sehen, nicht hören und nicht fühlen. Trotzdem sind diese himmlischen Gefährten mit dabei, beim Abenteuer deines Lebens. Beruhigend, oder?

IN FEINDLICHEM GEBIET

KRIEGER DES LICHTS

Es ist Ehrensache für alle Jesusabenteurer, dass sie niemals und unter keinen Umständen Gewalt gegen andere anwenden. Wenn nötig vergießen sie lieber ihr eigenes Blut als das anderer. Genau das war es ja, was Jesus am Kreuz vorgemacht hat. Trotzdem hat niemand die Welt mehr verändert als er.
Da draußen bleiben Angriffe nicht aus, so viel steht fest. Auch du wirst von gemeinen, hinterhältigen Menschen und ihren fiesen Attacken nicht verschont bleiben. Es werden immer wieder Menschen deinen Weg kreuzen, die dir ein Bein stellen.
Lass dich nicht aus der Ruhe bringen. Du bist stärker als die.
Einer, der viele Bosheiten einstecken musste, war der Apostel Paulus. Er schreibt: „Lass dich nicht vom Bösen überwinden, sondern überwinde das Böse durch das Gute!" (Römer 12,21). Jesus spricht es noch klarer aus: „Liebt eure Feinde. Tut denen Gutes, die euch hassen" (Lukas 6,27). Das ist deutlich. Aber Achtung! Handle dabei nicht aus Schwäche und aus Unterlegenheit heraus, sondern aus der Stärke, die dir Jesus geben wird. Engel stehen hinter dir! Bete für den Lehrer, der dich schikaniert. Vergib ihm und bitte, dass Gott ihn segnet. Der Mitschüler, der dir zehn Euro geklaut hat. Schenke ihm noch mal zehn dazu. Wenn dich einer dumm anmacht – bleib freundlich. Und wenn es eben sein muss, dann lässt du dich aufrecht verprügeln. So, und nur so wird die Welt zum Besseren verändert. Willkommen im Abenteuer.

NICHTS GEHT MEHR

Ein Weg führt ins Nichts. Ein Sturzbach hat den Pfad weggespült, dichter Nebel, brusttiefe Schneefelder, anstrengende Umwege, Ausrüstung, die versagt. Im Abenteuergebiet verläuft in der Regel nicht alles nach Plan. Immer wieder heißt es: Nichts geht mehr. Die Situation ist aussichtslos.

Du hast einen Blackout während der Klassenarbeit. Dein Vater wird arbeitslos, ihr müsst umziehen oder jemand aus deiner Familie stirbt. Immer wieder heißt es auch im Leben: Nichts geht mehr. Das ist aussichtslos …

Aussichtslos war auch die Situation von Mose, der mit einem Sklavenvolk aus Ägypten in die Wüste abgehauen war und jetzt von der ägyptischen Armee verfolgt wurde. Da standen einfache, abgearbeitete Frauen und Männer samt Kindern in der Wüste. Der Boden unter ihren Füßen zitterte von den anrollenden ägyptischen Streitwagen. Die ägyptischen Sklaventreiber mit ihren Peitschen waren gekommen, um ihre Arbeitskräfte wiederzuholen. Mose, der Anführer, beruhigte sein Volk und sagte zu ihnen: „Habt keine Angst. Wartet und seht zu, wie Gott euch retten wird." Mose vertraute auf Gott.

Es ist kaum zu glauben. Das Gottvertrauen von Mose wurde belohnt. Am Abend dieses Tages war keiner der anrollenden Ägypter mehr am Leben, während Mose und sein Volk putzmunter blieben. Nicht ein Haar wurde ihnen gekrümmt. Wie Gott das angestellt hat, kannst du in der Bibel im 2. Buch Mose, Kapitel 14 nachlesen.

Genau dann, wenn es heißt: „Die Situation ist aussichtslos. Nichts geht mehr.", genau dann vertraue auf Gott, um dein Abenteuer zu erleben!

DER HERR BEHÄLT DIE GANZE ERDE IM AUGE,
DAMIT ER DENEN BEISTEHEN KANN,
DIE IHM MIT UNGETEILTEM HERZEN VERTRAUEN.
2. Chronik 16,9 (GN)

MIT GÖTTLICHER KRAFT

HIMMELSENERGIE

Energydrinks, Schokolade, Isodrinks, Bifi aber auch klassische Müsliriegel, Bananen oder Äpfel. Auf steilen Pfaden zu gehen, kostet Kraft, da verleiht speziell dein flüssiger Proviant dir wieder Flügel. Das Leben nach den Vorgaben von Jesus zu leben, das geht nicht ohne Zusatzpower. Gott hat seinen Leuten deshalb Himmelsenergie geschenkt. An Pfingsten vor über 2000 Jahren hat er damit begonnen. Mit einem Rauschen und Donnern fiel bei einem Gottesdienst der Heilige Geist wie Feuer vom Himmel. Plötzlich konnten die Jesusleute in anderen Sprachen sprechen, Wunder tun und vor allem so leben und lieben, wie Jesus es vorgemacht hatte.

Wer mit ihm unterwegs ist, hat also pure Himmelsenergie im Gepäck. Himmlische Kraft in der Person des Heiligen Geistes. Zugegeben, diese Kraft ist nicht immer spürbar. Es ist auch nicht so einfach, sich daran anzuschließen. Vielleicht bist du deshalb unsicher, ob du diesen Geist wirklich dabei hast. Jesus sagt: „Gott ist großzügig. Er gibt seinen Geist gerne." Und er vergleicht Gott mit einem Papa, dessen Sohn ihn um ein Überraschungsei bittet. Wird dieser Papa seinem Sohn statt des Ü-Eis einen Stein geben? „Nein", sagt Jesus, „Wenn aber selbst ihr sündigen Menschen wisst, wie ihr euren Kindern Gutes tun könnt, wie viel eher wird euer Vater im Himmel denen, die ihn bitten, den Heiligen Geist schenken" (Lukas 11,13). Der Heilige Geist ist Gottes persönliches Geschenk an dich. Mit dieser Himmelsenergie kann ein ganzes Fass Red Bull nicht mithalten.

ES GIBT AUCH HEUTE NOCH WUNDER

Das Schönste da draußen sind die vielen kleinen und großen Überraschungen am Rand des Abenteuertrails: Das kann der klare, kalte Gebirgsbach sein, ein seltener Bergkristall in einer Geröllhalde, eine Blume am Wegesrand, eine heilige Stille, fantastische Ausblicke oder der majestätische Bergadler. Nie weiß man, was einen hinter der nächsten Biegung erwartet. Wer mit offenen Augen, offenen Ohren und einem offenen Herzen unterwegs ist, kommt aus dem Staunen nicht mehr heraus.

Für das Abenteuer mit Jesus gilt dasselbe. Du weißt nie, was dich im nächsten Moment erwartet. Abenteuer pur.
Glaube bedeutet, für diesen Tag ein Wunder zu erwarten. Offen zu sein für das, was es heute zu bestaunen gibt. Was erwartet dich heute da draußen? Was hat Gott mit dir vor? Welche Menschen werden dir begegnen? Halte heute Augen, Ohren und das Herz offen, denn Gott tut heute noch Wunder.

Ist es nicht wunderbar,
an diesem Tag zu sein.
Es ist ein Privileg,
erachte es nicht als klein.

Wenn du nicht weiter weißt,
sich Wahrheit als falsch erweist
und deine Philosophie
bleibt nur tote Theorie.

Auch wenn du nicht mehr glaubst,
Erwartungen zurückschraubst
und sagst: „An Gott glaub ich nicht.“,
sag ich dir: „Gott glaubt an dich!“

Und er tut auch heute noch Wunder,
Stunde um Stunde,
Tag für Tag.
Tut der Herr heute noch Wunder,
Stunde um Stunde,
Tag für Tag.
Tag für Tag.

Samuel Harfst: Das Privileg zu sein

DAS ZIEL VOR AUGEN

Gott wird Gerichtsurteile sprechen über die Länder auf der Erde,
ER WIRD FÜR ALLE VÖLKER DER RICHTER SEIN.
Dann werden sie ihre MGs einschmelzen lassen,
um aus dem Metall Mähdrescher zu bauen,
und ihre Handgranaten werden zu Flaschenöffnern umfunktioniert.
ES WIRD KEINEN KRIEG MEHR ZWISCHEN DEN LÄNDERN GEBEN,
und die Bundeswehr wird abgeschafft.
Es wird keine Armeen mehr geben.

An alle Leute, die von Jakob abstammen:

LOS! LASST UNS AB SOFORT NUR NOCH
IN DER NÄHE VON GOTT LEBEN.
DENN WO ER IST, DA GEHT'S VOLL AB.

Jesaja 2,4.5 (Volxbibel)

DAS GROSSE FEST

Vermutlich war deine Konfirmation ein fettes Fest für die ganze Familie. Geschwister, Eltern, Oma, Opa – soweit vorhanden – sind gekommen, dazu der ganze Rest deiner buckligen Verwandtschaft. Alle haben sich in Schale geworfen und sind angereist, um mit dir zu feiern. Nach dem Gottesdienst gab es bestimmt leckeres Essen für alle. Und mit Sicherheit hat die Omi sogar noch ihren koffeinfreien Kaffee bekommen.

Dieses große Fest liegt jetzt hinter dir. Schade.

Aber es wird nicht die letzte Party in deinem Leben gewesen sein. Du wirst noch an einigen festlichen Tafeln Platz nehmen, bevor du mit deiner grauhaarigen Frau auf dem Bänkchen vor deinem Haus sitzt und über dein Leben nachdenkst. Und selbst dann liegt die allergrößte Sause noch vor dir.

Nach dem Abenteuer deines Lebens, wenn du mit Jesus alle Berge überwunden, die grünen Wiesen und dunklen Täler mit ihm durchschritten und du deinen persönlichen Teil zum Weltrettungsprojekt beigetragen hast, dann wird Jesus sagen: „Gut gemacht, mein guter und treuer Diener. Lass uns miteinander feiern!" (Matthäus 25,21). Das Ende des Abenteuers deines Lebens ist der Anfang der größten und längsten Party, die jemals gefeiert wurde. Und darauf kannst du dich jetzt schon freuen.